María José Martínez Romero
Danilo Steven López Martínez
María José López Martínez

Mi vida

María José Martínez Romero
Danilo Steven López Martínez
María José López Martínez

Mi vida

En mis propias palabras

JustFiction Edition

Imprint

Cover image: www.ingimage.com

Publisher:
JustFiction! Edition
is a trademark of
Dodo Books Indian Ocean Ltd. and OmniScriptum S.R.L publishing group

120 High Road, East Finchley, London, N2 9ED, United Kingdom
Str. Armeneasca 28/1, office 1, Chisinau MD-2012, Republic of Moldova, Europe
Printed at: see last page
ISBN: 978-620-6-74264-7

MI VIDA

En mis propias palabras

María José Martínez Romero

2023

Este libro está redactado con hechos verídicos.

AGRADECIMIENTOS

Agradezco a dios primero que nada a las personas que me motiva todos los días a mi abuela que es muy sabia mi madre que gracias a ella estoy aquí en el mundo a mi padre que está Más allá del sol y desde allá me cuida sesentirá orgulloso de ser mi padre, así como yo me siento orgullosa de ser su hijaJosé María Martínez Rodríguez Gracias por existir por haberme engendrado en el vientre de mi madre y Dios nunca se equivoca y su actual y sus designios son misteriosos y a la vez maravillosos Gracias totales a Dios y a ti querido lector gracias a la inquietud que tengo de hacer este libro donde comparto todo lo queMaría José Martínez Romero vivió y vive Gracias totales infinitas.

Octubre 28, del 2023.

Soy María José Martinez Romero, autora de este libro en el cual yo expreso una bibliografía de mi vida porque es digna de contarse ya que, desde la infancia, adolescencia, juventud, de casada y por último la vida actual en la cual me considero afortunada por ser como soy y tener una familia que para mí vale más que todo el oro del mundo. Este libro es dedicado a esas personas que están conmigo a la distancia y físicamente ami madre Bertha Romero mi abuelita Ma Guadalupe Guzmán Mis hijas e hijo que son la inspiración y parte importante en este libro, Mi tía Mónica Alejandra Romero por su apoyo moral en este libro que es un sueño paramí que llegue a muchas manos, pues ha despertado en mí este proyecto a las personas que me conocen, me estiman mucho para ellos es este libro yescrito con todo el amor del mundo.

“Para ti también que al adquirirlo eres parte ya de mi sueño que ya has hecho realidad”

en memoria de mi padre Jose Maria Martinez Rodriguez

Dedicado a mi hermano Jorge Perez Baute y a mi hermana Maria Isabel Martinez Carrillo

ÍNDICE

CAPÍTULO UNO:

INFANCIA

Nací en la capital de la República Mexicana en la ciudad de México antes conocida como DF Distrito Federal ahora con las abreviaciones de CDMX, ahínací yo una niña mi madre dijo que había tenido muchas complicaciones a la hora del parto por eso solo me tuvo a mí, es parte de la perspectiva de ella me tuvo entre sus brazos asegurando que solo sería yo, pues yo siempre quise hermanos no importara siempre me sentía sola desde niña buscaba amigas.

En un 15 de julio de 1975 bajo el signo de cáncer con ascendente a tauro y ascendente en libra mi signo cáncer lo conozco ahora y me he sentido identificada, tuve una infancia difícil porque desde pequeña siempre tuve toda una casa mi madre mi padre mis tías que me quisieron mucho y vivían con nosotros hermanas guapísimas de mi madre, si mi madre de joven le decían la modelo de Acatlán.

Yo era una niña super risueña y amigable siempre gentil y saludaba a todos losque me conocían y con desconocidos, pero antes si no me robaron fue porque Dios siempre me protege.

Mi padre me amaba tanto, me trataba siempre muy bien su consentida yo la niñade sus ojos lo que más quería en este mundo, los domingos me iba muy bien mipadre era lo máximo. Son nuestros héroes y no todos se ganan el título de padrealgunos mis respetos hay de todo de niña yo me veía en sus ojos azules como elcielo en sí era una niña que lo tenía todo lo que yo quisiera me volví autoritaria yberrinchuda me gustaba comer de todo mi madre me decía plato limpio antes deirte a jugar así eran las reglas en casa y mi madre muy exigente hasta en las tareas pero más que yo. (ya no se acuerda hoy en día), tuve un perrito blanco llamadopeluche los primero después pollos y más pollos patos y por último gatos, 10 dejó aquella gata abandonados mi infancia fue de muchos sentimientos de felicidad tristeza, cuando uno es niño uno quiere ser y tener lo mejor.

Me gustaba más jugar con niños que con niñas porque crecí con primos nada más, con las niñas no nada puros pleitos sobre todo con las muñecas las famosasBarbies era un lio jugar porque esos son mis tacones, no ese es mi vestido, los accesorios los muebles era todo muy posesivo o me roban cosas etc.

Pleitos casados los hombres niños eran más alivianados y me identificaba más,me decían júntate con las niñas porque de lo contrario te volverás un chico cosaque no sucedió, siempre me incline a jugar futbol, básquet voleibol cosas que jugaban en general también las mujeres tuve mi lado femenino también claro como todas las niñas me ponía los tacones de mi madre sus accesorios me pintaba la boca me ponía sus vestidos a escondidas en fin muy fusionista yo.

Modelaba y soñaba que estaba en una pasarela todo muy recreado según mi imaginación también mi lado astronauta pues mi salón de juegos era una nave espacial con botones palancas monitores más botones micrófono mis amigos losalienígenas imaginarios según yo, solita jugaba y pensaba escuchaba el sonido del aire, hablaba con Dios si tenía amigos imaginarios. Jugaba sola la mayor partedel tiempo, disfrutaba mucho mi soledad, si me aburria demasiado y buscaba amis vecinas Paola mi vecinita Marla y Daniela de mi edad o algunos años más grandes que yo. Bellos recuerdos de mi infancia.

Mi madre me inscribió en el American School Foundation Of Guadalajara (ASFG) como se le conoce actualmente y ahí estuve kínder y primaria cuando muere mi padre José María Martinez Rodríguez tuve que salirme pues ya no sepudo pagar la colegiatura mi padre escogió ese colegio por ser el mejor y los padres siempre quieren lo mejor para sus hijos como debe de ser fui una alumnaque siempre fui muy tímida incluso para participar en clases teníamos unas maestras muy buenas y lindas personas era tan feliz en ese lugar pero también era rechazada por las niñas que no les caía bien hasta la fecha ya aun de grandeyo me tiran malas vibras pero bueno no fue fácil crecer y ganarse la aceptaciónde las personas solo eran tan raras o yo era la rara no lo sé bueno desde chiquitatuve esas diferencias pero fui super feliz mi maestra de español sí que era muyenojona estricta y eso me ayudó mucho y gracias a esa maestra Ma Elena Rodríguez le agradezco mucho este donde este, mis otras maestras de música ycanto de arte teatral de baile y educación física que me encantaba como me hacían participar en atletismo mi favorito era salto de longitud era muy buena yocorriendo en natación igual me gustaba participar aunque no ganara recuerdo que hacían concursos de Halloween Dia de Muertos y Festivales Navideños Diade Reyes nada ha cambiado excepto que antes no había celulares y todo lo teníaque investigar buscando la información y leyendo libros eso si era estudiar y meesforzaba mucho pero no como en estas épocas todos recurren a Google.

Fui una niña atenta y educada cuando la regaba mi madre con una mirada me decía todo si no me comportaba llegando a casa a correr el maratón loschanclazos y los tirones de pelo vaya que me iba como en feria con mi madre pero en todo lo demás fui buena compañera recuerdo que me robaban mis colores ay que friegas me ponía mi mama siempre que un color desaparecía y cuando recoge mis calificaciones y sacaba malas notas ¡¡Oh, oh!! Pobre de mí, las hermanas de mi madre me defendían de ella y si no también colaboraban para que mi madre me aplicaba mi respectiva friega y después yo las acusaba con mi abuela cuando íbamos cada sábado a Acatlán de Juárez lugar donde la gente siempre me chulear y me querían diciéndome cosas muy bonitas y felicitando ami madre por tener una hija tan bonita desde niña y me cuentan anécdotas de mimadre de su juventud y de mi abuelita, igual mi abuelita siempre me protegía pero no siempre cuando me lo merecía pues dejaba que mi madre me aplicara sus tundas.

Mis primos eran muy buenos estudiantes también crecí entre niños yo era la única mujer la consentida hasta que nació la prima la única niña entre mis primos pues como dicen por ahí llego una compañerita de juegos y como me divertía con ella le gano con 10 años y a otra le con 11 años pero bueno las quiero muchoa ellas y a las que llegaron porque ya después más niñas que niños y todos los fines de semana yo era super feliz ahí en Acatlán pero lo triste era cuando los domingos regresamos a Guadalajara yo lloraba porque no quería volver pero había escuela, tenía que volver a mi casa preparar mis cosas para madrugar e irme a la escuela, eso era de todos los días de lunes a viernes el bus pasaba todos losdías por mí para recogerme llevarme a la escuela y de regreso igual recuerdo queuna vez me dejó el bus tuve que hablarle a mi madre para que me fuera por mí.

Bueno siempre pasaba eso me agarraba jugando y pasaba el tiempo me largabael bus, cuando era el día del niño hacíamos juegos y nos daban juegos de mesa para entretener a mis compañeros como me gustaba y festival a la madre muy bello todo fueron tiempos también difíciles donde la economía se disparaba y por culpa de las guerras que son y serán absurdas.

Mi infancia en mi vida tuvo una gran tristeza perdí al amor de mi vida mi padreque era yo la luz de sus ojos mi vida entera se cayó en pedazos cuando me enterépor medios de comunicación de su fallecimiento y lo digo así porque mi padreera un gran líder sindical de la industria azucarera de la República Mexicana como se decía antes ahora son los ingenios de México quienes lo recuerdan cada19 de marzo de todos los años, en Tamazula de Gordiano donde mi padre naciócreció y trabajo mucho tiempo en el ingenio hasta que ocupó varios puestos importante pues su inquietud lo llevó hasta donde él quería y más mi orgullo esmi padre, donde quiera que este yo elevo mi oración por él.

Cuando tenía 8 años falleció mi papá y fue muy golpe muy duro y difícil para mípara mi madre y a pesar de todo mi abuela siempre me sacó adelante en ese ambiente tan duro y hostil cómo fue su pérdida gracias a ella crecí con valores yprincipios fui muy feliz, Se preguntarán ustedes ¿Cómo fue que mi abuela me sacó adelante? Pues bien, yo sufrí lo que se llama ahora autismo no fue tan profundo y tan cruel conmigo por qué ella me rescató ella sabía que las cosas noiban bien con mi madre y mi madre perdió la razón fue entonces cuando ella mellevó a vivir a Acatlán aquí a su casa y desde entonces estuve aquí y estoy aquí.

Haciendo uso de mis recuerdos qué son aún claros desde mi juventud, desde mi niñez y mi vida actual.

Un libro que te habla de mi tal cual no fui y soy cuándo murió mi padre obviamente se terminó todo el dinero lujos el trabajo y mi madre y yo solas enesa casa enorme solas nosotras con miedo yo es por eso que mi segunda madremi abuela me llevó a vivir con ella.

Cada año que transcurría yo estaba creciendo demasiado poco a poco dejaba deser una niña.

CAPÍTULO DOS:

ADOLESCENCIA

Como todos los adolescentes sí tenía unos cambios de humor insoportables la verdad crecía demasiado hasta el grado de formarme en desarrollo y convertirme en una linda jovencita desde los 11 años yo parecía de 15 ya y era chica de edadno les miento una cinturita de avispa a mis 11 años nada todo tranquilo ya cuando empecé a cumplir 14 las hormonas me indicaron que ya era el momento de seruna señorita.

Pues sí esto es el cambio de mi vida sufrió y también comencé a hacer demasiado rezongona enojona me gustaba mucho hacer enojar a mi madre incomodar a losfamiliares a mis primos ya muy pesada tenía una edad muy chocante y nadie mequería por como yo era pues sí era la edad de la punzada y quieres tenerlo todocomo cualquier adolescente de mi edad 15 años y no hubo fiesta bueno sí se organizó una fiesta industrial porque yo en ese entonces tenía un novio solo metalero y nos gustaba la música loca industrial se terminó y después la situación comenzó a empeorar no en la fiesta sino en el familiar pues mi madre cometió un error en su desesperación por ganar algo de lo que mi padre pudo haber dadoy ella con su equivocada creencia quiso entrar a un lugar donde no le corresponde, he ahí cuando nos fuimos a Estados Unidos inmediatamente, mi abuela decide irnos y dejarlo todo transcurriendo el tiempo en Estados Unidos.

Entré a la preparatoria ahí duramos tres años y medio regresando a México y una vez estando acá comencé a trabajar cumplidos los 17 años en un gimnasio donde empecé a hacer ejercicio y a sacar toda lo pesada y todo lo sangrón el estrés y todo lo demás que con lleva gracias a Dios fui creciendo poco a poco como cualquier adolescente más que pues a mí me ignoraban cuando me portabaasí me aplicaban la ley del hielo después fallece el abuelo.

Ya que se puso malito por tanto beber toda su vida recuerda la abuela que él encerraba a ella con todos sus hijitos mi madre y sus hermanos el alcoholismo esmuy malo te destruye por dentro transforma tu vida en tristeza, ira, locura, enfermedad y muerte y estuvo con mi abuelo que hasta el último minuto de vida,que estuvo hospitalizado dejó de beber demasiado tarde pues ya agonizaba esome causó gran tristeza en mí porque yo lo quería mucho aunque a mí nunca me quiso así era el abuelo y qué puedo hacer yo fue muy triste me quedó marcadoen mi corazón.

Recordando un poco cómo hubiera sido si yo estuviera cuando mi padre agonizaba en el hospital de Houston Texas donde perdió la vida lo volvió a recordar mi mente aquella pérdida irreparable.

Mi vida en la adolescencia fue parte importante para crecer y entender la evolución de mis actos que no medía peligros, ni las consecuencias de ellas así es que toda mi vida de la infancia volvía a mí cada vez que quería Mi abuela comomi segunda mamá sufrió mucho con mi forma de ser tan desagradable que me pedía a gritos que me pusiera en paz pero yo no seguía en las mismas pues la pérdida de mi abuelo volvió a despertar la rebeldía que tenía guardada.

Contando al momento cuando nos fuimos a Estados Unidos llegamos despuésde lo que mi madre hizo les voy a contar esa parte pues tenía la fortuna de llegarcon papeles y toda la cosa pasaporte viajar en avión sin miedo al éxito aunque yale temo las alturas pues en la adolescencia no llegamos con una hermana de mimadre y jugó el papel de tutora en ese país y me encantaba mucho ver cómo celebraban sus tradiciones eso me gustaba yo quedaba fascinada en eso y pues todo es muy cotidiano de la casa a la escuela y viceversa como en todos lados me inscribe en una preparatoria que se llamaba Del Campo pero ahí había alumnosnorteamericanos nada más y japoneses, obvio ellos súper inteligentes que son.

Pues si ahí siguen y yo pues no entendía y no sacaba buenas notas meincomodaba bastante un maestro de matemáticas que se podría decir me inquietaba al querer pasar al pizarrón para resolver un problema de álgebra bastante distinto al que estaba yo viendo el tema en México obviamente no iba aser el ridículo ni el hazme reír del salón más anglosajón unos cuantos de otro país con un nivel de inglés bastante superior al mío y yo que solo quería estudiar entender no complicarme más porque el idioma es complicado en Sacramento CA.

Había más norteamericanos y muy pocos latinos, enfocarse en aprender y ser mejor así que nada Pedí mi cambio a Mira Loma, ahí era más distinto súper diferente la gente te recibe con una sonrisa amigos latinoamericanos como yo deCuba, Honduras, Guatemala, El Salvador así como de España, Polonia, Rusia, Francia, Arabia e India más variedad de jóvenes con diferente diversidad y culturas yo de México también mexicanos unas amiguitas que me encontré de Tijuana que en cuanto me vieron pensaron que yo era de Polonia la sorpresa quese llevaron cuando les hablé en español y les pregunté; ¿De dónde son? A lo cual se voltearon a ver y se sorprendieron titubeando contestaron "De Tijuana" les comenté "Yo de Guadalajara" desde entonces nos hicimos muy amigas las tres. ¿De Polonia yo?

Respeto mucho los países del mundo, pero mi nacionalidad jamás la cambio, soy orgullosamente mexicana, habían entrado a estudiar como yo vivió unas aventuras en esa preparatoria, al grado de presenciar una pelea entre dos chicasmulatas las sillas salieron volando la mesa la tumbaron por completo con todo ycomida terminaron golpeadas con la ropa desgarrada y nadie se metía a separarlas literal las dejaron que se dieran con todo terminaron con sangre en nariz y bocavaya que sí no se dejan.

De respeto y hablarles con amabilidad, es como en todas partes si te tratan bieneres bueno si tratas mal eres malo, mucho tacto buen modo porque tienen un temperamento bastante fuerte aun así no todos son así hay otros que yo conozco y son muy tiernos de hecho tuve un pretendiente así lo vi en el camión donde yoestaba con mi madre y mi abuela y un tío que viajaba con nosotros, el chico tanguapo super amable pero mi abuela me dijo te pones tranquila con ese chico porque no lo conoces estamos en un país vecino y te comportas. Y yo no estaba haciendo nada malo, el chico me sonreía y nada mejor se fue.

Esa es la forma de vivir en un país como Estados Unidos de supervivencia. Mis respetos para todas las personas no importa el color de la piel pues hasta yo llegué a sufrir malas caras por ser mexicana literal no me gustaba vivir allá y tenía queestar en casa con mi tía pues sí jugaba con mis primos tenía que colaborar en lalimpieza de la casa y cuando terminaba pues no salía a asomar la cara no solía salir a la calle porque ahí es mucho encierro y nadie se ve afuera teníamos unavecina muy observadora demasiado entrometida pero su hijo entraba con mis primos a jugar como si nada pues mi tía decía que el niño no tiene la culpa de tener una madre así siempre estaba atenta a lo que nosotros hacíamos odejábamos de hacer como bichos raros nos veía y como fuimos a vivir a un lugardonde no hay latinos. Pues ella era la única que nos veía feo al menos esa mujer. Los demás vecinos eran grandes personas, una familia en especial en sucasa tenían como 10 gatos viviendo.

Y eran felices unidos como toda familia ahí fue donde experimenté vivir todo eltiempo vigilados por esa vecina que quién sabe qué fin tenga, uno de mis hobbies favoritos allá era escuchar música ver películas cómo me encantaban las de Disney en caricaturas en VHS mi tía tenía la colección completa estaba Aladino,Pocahontas, La bella y la bestia y las clásicas La bella durmiente, Blancanieves y los siete enanos, mi favorita La Cenicienta, La Sirenita siento que en todas las casas de Estados Unidos por tradición tienen que tener esas películas, ya no es común verles en casete, la tecnología avanzó ahora existe Netflix o vixs, total play,etcétera solía tener un diario donde escribía todo lo que me pasaba.

Y lo que pasaba en casa de esa hermosa tía que tuve que llamarle mamá en el país vecino ya que ella se movía para todo y siempre pendiente de mí y sí me enamoré de un chico americano, pero nunca puso sus ojos en esta mexicana ni modo. Se lo pierde me queda claro que ellos en la preparatoria no cualquierase relacionaba o tenía novia solo unos cuantos lo hacían y andaban de la mano ala mayoría no les interesaba el estudio es muy importante tan importante que poralgo son exitosos con la mentalidad siempre de ser mejores y después vendrán los verdaderos amores siempre fui muy social me gustaba hacer amigos y amigas con quién platicar escuchar reír.

Cuando regresé de Estados Unidos todo cambió hasta mi lugar de residencia volví a Acatlán de Juárez. El hermoso pueblo que vio nacer a mi madre y a mistías ahí cumplí mi mayoría de edad y me dieron mi tarjeta de identificación yo feliz, aunque en aquel país también tuve mi ID tarjeta de identificación.

CAPÍTULO TRES:

JUVENTUD

Llegando Acatlán de Juárez comencé a tener amigas de desmadre, pero todo antes de aquí para allá para acá por todos lados en una camioneta súper única enel pueblo oyendo y paseando por las calles del pueblo y alrededores todo sanamente cervezas si otros fumaban cigarros sí, pero jamás drogas de ningún tipo.

Aunque existía la cocaína la marihuana y unas mentadas tachas nunca me llamaron la atención ni de broma hoy en día la juventud consume de todo sin pensar que eso les va a hacer mucho daño con el tiempo al igual abusan muchodel alcoholismo la diversión de antes era más sana no teníamos celular las computadoras llegaron a mi pueblo por los noventas en el 95 Y 96 siempre de ira una escuela de computación y aprendí a usar el ratón el teclado la CPU el monitor antes eran discos duros ahora ya son memorias bueno obtener conocimientos nunca antes vistos ni por mi cabeza imaginaba yo aprender algobueno y nuevo a pesar de que me incorpore a la secundaria de oyente nada másla Academia se llamaba escuela especializada en computación (EECO) si me gradué ahí tengo fotos de ese suceso tan importante para mí pero también me gustó ir a conciertos con el hermano de mis amigas, cómo olvidar el de Maná padrísimo y en las fiestas de Octubre en Guadalajara, Maldita Vecindad, Café Tacuba y Caifanes todos ellos estuvieron ahí y más muy de rock en español yocuando se terminan las fiestas de octubre primero estuvieron las de julio, dondetambién me la pasaba genial 9 días antes ahora se alargaron a 15 días.

Pues es toda una fiesta para la gente de Jalisco de Acatlán de Juárez así como lasfiestas de octubre de Guadalajara donde va gente de cualquier parte de la República a disfrutar de eventos tan grandes y entretenimientos para todos los jaliscienses, sí tuve muchos pretendientes también novios en Guadalajara por donde yo vivía en Zapopan pues podías hacer lo que querías y pretendientes quese enteraban que yo estaba soltera y ya iban a hablarme discotecas antros con mis amigos de Acatlán nos íbamos para Guadalajara llegamos nos divertíamos, en elpueblo los chicos eran bastante celosos de nosotras las muchachas guapas que veían muchachos de fuera y ya les buscaban pleito a tal grado que nos espantaban el ganado.

Mis amigas me cuestionaban el por qué no permanecía allá en Estados Unidospues estaba chido el tema de la escuela pero la vida es muy difícil también teníaque trabajar y estudiar a la vez pues con los únicos que jugaba era con mis primos los hijos de mi tía eran unos niños no podía andar en la calle porque una vez queriendo bajar una gata que adopté muy bonita de color blanco se quedó atorada en el árbol y ya la vecina le habló a la policía el señor policía no me creyó que quería bajar a mi gato pensaba que me estaba drogando, y yo ¿Hola? Salióm i tía toda asustada y pues les dijo era mentira la señora de enfrente gritaba queéramos ilegales y que le iba a hablar a la migra a lo cual mi tía sacó los papeles de nosotros nuestros pasaportes y nuestras visas de ese modo nos dejó en paz esa mujer.

Pues vivía en Sacramento California y recuerdo que una vez fui a la tienda esaparte nunca se me olvida en la bicicleta de mi primo Alex manejando con una mano y en la otra un seis de Coca-Cola en bolsa pero por alguna razón no controlé no pude poner con en el manubrio perdí el equilibrio y aterricé como avión en la calle horrible de verdad un acto de pena mucha vergüenza que me vieron como caí y derrape al extremo, unos señores corrieron a levantarme le hablaron a mi tía llegó mi tía mi abuela y mi madre empezaron a hablar en español y a mí me veían güerita y ojos azules y digo yo que si en ese momentotuviesen un celular tipo Android si me hubiesen grabado me haría famosa en esemomento quedé como reo en prisión toda golpeada y para males justo cuando iba a volver a entrar a la escuela. Moretes en mis piernas mis rodillas mis brazosraspones en la cara en todos lados, la verdad yo les platiqué que volví por la comida por el pozole, los tacos, las tortillas, los sopes, tostadas comida mexicanala extrañaba bastante los taquitos de adobada de carnaza de chorizo nuestra gastronomía tan rica estaba enfadada de pizza hamburguesa de ese tipo de comidas procesadas.

Aunque allá se ponían a vender también pues los tamalitos pues no saben igualallá los ingredientes son distintos que acá la verdad yo no me creía en Estados Unidos tanto tiempo al igual me hubiera ido mejor allá hubiese conocido a unapersona que me quisiera allá hubiese tenido otras hijas y pues yo siento que hicelo mejor que pude haber hecho y sí tuve muchas amistades demasiadas y siempre estarán en mis recuerdos y forman parte de mi vida en la actualidad mis amigosdel Facebook, Instagram, Tiktok y WhatsApp todos ellos pues están y siempreestarán en mi corazón y no pagan renta ahí se quedan y como les comento, aquíen casa de la abuela asistía todo el día salí en las tardes con mis amigas a ver lasnovelas me presentaron a un chico que la verdad a mí me caía gordo y yo lo veíaen una moto se me hacía muy presumido y lo conocí en las fiestas de Villa Corona ahí fue donde lo vi me lo presentaron yo no me veía con una relación con él y estuvimos de novios 15 días me fui con él en año nuevo en el baile donde me escape con él escondiéndome de mi mamá porque mi madre se iba para donde sea conmigo no se separaba de mí ni a sol ni a sombra.

A dónde iba la hija iba la madre igual si Trabajaba en un balneario ahí andabaella me tenía muy vigilada pero pues al final hice lo que quise verdad, lo conocíme enamoré me casé aún en contra de las hermanas de mi mamá no querían queyo me casara con alguien que no conocía bien pero nunca entendí y en mi mentesurge una frase ya después y dice así busca quién te quiera no tú a quién quererpara mí fue clave de la felicidad de la verdadera felicidad y tuvimos un matrimonio de 19 años con mis hijas y mi hijo y pues la situación cambió muchopero mis hijos son ahora mujeres de bien y mi hijo responsable con el tiempo unhombre de bien así sea los amo con todo mi corazón.

Siempre pido mucho a Dios por ellos porque son mis hijos y porque no quieroque nunca les pase nada malo aunque no viven conmigo no los he abandonadono me he muerto sigo viva y estoy aquí para ellos siempre voy a estar y que nunca lo duden jamás porque son especiales para mí los 5 los adoro y nunca voy a dejar de quererlos de regañarlos de aconsejarles de guiarlos impulsarlos adelante siempre que cumplan sus sueños sus metas sus anhelos que en dado caso quiere decir lo mismo en una pequeña frase exitosos con valores y principios educación preparación que tengan sus armas y herramientas para que puedan salir adelantesin miedo a nada que el mundo vea cómo van siendo exitosos y no que ellos vean al mundo siempre les digo que se aprendan lean estudien y no se conformen conpoco, las enseñanzas y todo lo bueno que el mundo les ofrece y se alejen de losproblemas que no lleva nada bueno.

CAPÍTULO CUATRO:

ETAPA DE CASADA

Mi mayor felicidad fue cuando mis hijos nacieron y llegaron al mundo mis hijasque por cierto fue de película porque solo iba a un eco y ya los médicos opinaronque mis hijas deberían de nacer ya si no tenía contracciones ni nada pues me provocaron los dolores y ellas no tenían sus pulmones formados si nacen muertas si hubieran nacido yo me sacrifique 2 semanas toda una odisea, aventura, yo ibasúper asustadísima de pensar que mis criaturas fueran a morir pero gracias a Dios no sucedió nada de esos solo mi miedo y yo sujetándome fuertemente al poste de la ambulancia yo acostada en mi camilla claro había como una especie de protección para que yo me sujetara imagínenme solita sin ningún acompañanteconmigo veía que todo me daba vueltas yo simplemente me encomendé a Dios.

Le pedí padre mío, que tus ángeles me guíen y vayan a mi derecha a mi izquierda por delante y por detrás y encima de la ambulancia permite que llegue con buencamino y gracias a Dios así fue, pero ahí no terminó todo fue el momento más feliz de mi vida.

Cuando al fin que todo sufrimiento valió la pena mis hijas nacieron sanas y salvas gracias a las oraciones de la familia y amigos que supieron que vendrían dos bebésyo soñaba con dos niños hombres pero en realidad son dos muñecas mis hijas que no paro de darle gracias a Dios por ellas las amo con todo mi corazón y nunca nos dejaré de amar mis gemelas después otra princesa nació los tres añosy medio después la llegada de mi otra hija y mi pequeño el único hombre.

Para cerrar la fábrica de bebés eso es lo que agradezco en la etapa de matrimonio lo único que le agradezco al papá de mis hijos es la existencia de mis hijos y están para mí y yo para ellos este libro va dedicado con todo mi amor a la existenciade mis hijos en mi vida no se podía pasar por desapercibido gracias Dios por mishijos mi única dicha y felicidad sean como sean son mis hijos y los amo los hijoscrecen rápido por eso si tienes un bebé en casa disfrútalo celebra sus logros tusprimeros pasos sus dientecitos su primera palabra involúcrate en ellos porque crecen súper rápido tanto que en un suspiro soñaste que tenías bebés cumple turol de padre de madre ama a tus hijos que es lo mejor que te ha sucedido yo siempre soñé con el día de ser mamá y siempre preguntaba a Dios qué se sentíatener dos bebés en la barriga pues ahí te van dijo dios para que no andes preguntando qué se siente ser madre de gemelas.

Ay Dios ahora que me las enviaste te doy gracias y ahora que están creciendo más te agradezco gracias por mis hijas gracias por mi hijo y gracias por la vida quetengo, cuando mi segundo bebe llego era otra hermosa niña ella fue otro caso especial para mí los partos fueron únicos e indescriptibles en las gemelas fue deun modo doble dolor adentro de mi barriga con la segunda bebé fue otro distintode ella no fue cesárea de ella fue parto normal imagínense mis horas de angustiacada minuto de dolor en cada contracción pues vino normal en posición para nacer y después de que la tuve en mis brazos ya todo terminaba descansé aunqueno del todo pero al menos dormí un embarazo deseado del cual esa princesita cambió la vida de nosotros después vino mi tercer bebé ella también fue de partonormal pero una cosa súper rara ya tenía cuatro de dilatación así es como le dicen las enfermeras cuando ya van a hacer el niño y córrele no que diga cárguenla póngala en una camilla pues la bebé ya quiere salir y fue una niña hermosa, grandota bella ojos azules, mi hija y ojalá y se le queden así pero no le quedaronverdes como a sus hermanas todos mis hijos se llevan tres años de diferencia yhermoso es un niño mi príncipe que yo anhelé tanto tener y mi madre encantadaen cada nacimiento mi abuela más bisabuela de cinco y mi madre no cabía de felicidad ellos fueron su terapia pues se desaparecía a cada rato y volvía en taxiviva gracias a Dios.

Ahora ni de chisteir para allá me le pasa algo o que se pierda porque la ciudad es enorme, quién sabe yo estoy contenta porque mis hijas son unas mujeres trabajadoras hechas y derechos tienen sus vidas les encanta soñar y luchan por conseguir cada logro laque sigue de mis gemelas, se me caso y tengo un lindo nieto el cual amo con locura ese pequeño es el alimento de mi alma porque todos los niños son semejantes a Dios y que siempre los guarde y los proteja los libre de todo mal asícomo estoy orgullosa de mis hijas también lo estoy de mi hijo está en la etapa depreparatoria Dios quiera que lo logre es un niño muy inteligente decidido comunicativo le gusta expresarse la rebeldía la trae en toda la extensión de la palabra así como sus hermanas y él así pasan por esas etapas ellos son parte importante de mi vida y parte importante en este librotambién solo quiero que ellas se sientan orgullosas de mí y mi hijo este libro queescribo de mi vida es para que ellos conozcan más de su madre y no la juzguentan duramente yo quiero lo mejor para ellos y le pido muchísimo a Dios que medeje un día lograr cumplir sus sueños qué madre puede hacer todo por sus hijosyo siento que todas somos capaces de hacer lo que sea honradamente y quiero que sepan que yo los amo tanto como Dios los ama y él es el que los ayuda y losguía cuida y protege porque siempre pido la protección de Dios porque estamosllenos de gente mala que solamente buscan tantito de uno para hacernos la vidaimposible.

Mis hijos son unos seres inteligentes maravillosos únicos creativos y capaces delo que sea siempre digo que se coman el mundo y que el mundo los vea triunfarno que ellos quieran ser ricos que el mundo los vea que son exitosos hagan lo que hagan yo siempre aceptaré lo que ellos quieran hacer en la crianza misma demis hijos cuando mis gemelas estaban grandes y adolescentes estaban en una edad muy rebelde también no tanto lo normal pero una siempre era más corajuda que la otra y más coqueta también tiene unos ojos hermosos ambas ellaal momento que yo regañaba pues igual se dice que cuando le pegas a una gemela la otra llora no fue mi caso, yo siento que eso es como un mito que se inventa lagente porque mis hijas no nada que ver o sea aún es más noble que la otra, la otra es de armas tomar más rebelde más de carácter un poco débil pero ahí va ala debilidad pues no se demuestra con un ay soy débil no tengo fuerzas no o seaya era de carácter débil porque de todo se enojaba.

Esa es mi forma de ver los tipos de carácter verdad que la gente le hace con decarácter fuerte, aunque le insultes, aunque los molestes y aunque les digas todolo peor no te dice ni media palabra te ignora para mí esas son personas con carácter fuerte y una de ellas pues carácter de vivir porque siempre rasurado estámalhumorada por toda rezongando renegaba siempre una más que la otra la otra es más noble más consciente la pone más en paz la tranquiliza con una palabraque le diga y queda todo tranquilo yo tuve una experiencia algo triste con tercerahija porque ella se me quemó estando chiquita que a la fecha ella no lo olvida pues porque yo le digo hija tienes lo más valioso que es la salud un descuido unaccidente.

Porque los accidentes pasan me pudo haber pasado a mí le pudo haber pasadoa mi mamá o a mi abuela o alguien más todos me echaban la culpa a mí pero igual los puso en su lugar y supe de salir adelante con mi hija yo sola 22 días encerrada en un hospital sin oportunidad de ir a comer ni de bañarme ni de dormir yo solito 24/7 casi un mes días en la época de Navidad y fue frustrante una situación que no se olvida triste en esas fechas que uno como madre quiere estar con la familia con sus hijos con sus qué seres queridos y yo en el hospitalcuidando a mi princesa solo una vez pude ducharme no dormir porque tenía a ella en cuidados intensivos.

Pero a la vez feliz porque mi hija pues no tiene ningún malformación tiene susdos brazos sus dos piernas bien pues aunque le haya caído el agua hirviendo enla cara en el hombro en el pecho y en el pie derecho toda una olla de agua hirviendo un susto que nos dimos que solo Dios me dio fuerzas para aguantar esto es una de las experiencias más desagradables y tristes que aconteció en mifamilia y en estos momentos te la estoy contando con mis propias palabras lo platico que no le deseo nunca a nadie que le pase una situación como me pasó amí con mi niña de un año ocho meses y ahora tiene 19 años y digo ay cómo pasael tiempo como pasan los años recuerdo tantas cosas cuando ella estaba chiquita.

Así es la vida y experiencias buenas y malas y unas peores como en mi caso queenfermé gravemente y se detectó el mal tiempo se erradicó y estoy feliz estoy sanatengo mis dos piernas mis dos brazos mis pies. “Siempre pies en la tierra” ese es mi lema para hacer aterrizar a cualquiera que pase la vida creando ilusiones o castillos en el aire.

Mis pequeñas todas fueron especiales desde las gemelas hasta la que sigue de ellas mi niña artista. Bueno desde el kínder demostró ese talento que tiene dedibujar y de hacerlo con precisión como que si subiese un dote artístico en su mente porque cosa que veía cosa que pintaba eso es inteligencia y no artificial eshumana la pequeña imagínense me dibujó a mí con vestido de novia y a su padrede novio, pero como es en realidad la vida.

Hoy en día los novios cuando no se conocen bien pareciera que estuviesen ciegos porque no conocen a la persona ideal a nosotros nos hizo con ojos bizcosuno de las cosas que más me sorprendió de ella cuándo en su vida había visto unvestido de novia para verlo dibujado también a mí hacerme rubia si yo antes tenía el cabello rojo y bueno pues a su padre como vestido de novio o sea dónde vio,ahí un traje de novio no me explico si yo nunca la llevé a ver una boda, la imaginación de los niños es única yo siempre le impulsaba que siguiera sus dibujos.

Aunque yo me imaginaba que le repercutió en negativo a la escuela a lo cual medijeron que le sirve mucho para la psicomotriz y gracias a ello pues su letra es muy linda así que artistas famosos que dibujan y hacen arte la letra deben tenerlafantástica. Aunque estoy así yo siempre pendiente de que no cometiera faltas deortografía a mí me lo marcaron mucho de niña y pues deber de madre que sus hijos no tengan faltas de ortografía porque luego no les van a entender cuando escriban o hagan una carta qué sé yo.

Esa es mi princesa artista a la cual quiero tanto y hoy en día se me casó y tengoun nieto divino que quiero muchísimo y siempre pido mucho a Dios por él porsu pequeña vida que el día de mañana será un hombre de bien que así sea todoslos niños los bebés merecen la protección de Dios porque Dios ha dicho que noterminará el mundo gracias a los niños por ellos no lo hará simple y sencillamente nosotros nos autodestruimos y destruimos el planeta y no pensamos en los niñosasí como Dios se la piensa para no acabar con nosotros.

Por qué nos ama con un amor y es misericordioso porque nos tiene paciencia él es bueno no lo subestimemos dañando al planeta no le demos donde más le duele a Dios cuando le destruimos la vida a alguien seamos conscientes del malque hacemos y tratemos de vivir bien por los niños por los tuyos y los míos.

Mi príncipe encantador que es mi único hijo me dirijo a mis hijos como princesasy príncipe, aunque no son de la realeza son hijos míos que amo con todo mi corazón ellos han pasado de todo. A su corta edad mi hijo es un chico con sueños muy bueno en las matemáticas cosa que a mí me aburría y las tuve que aprender. Aunque nunca me gustaron nunca fueron parte de mí, pero los maestros pico pala, pico pala, vamos las tablas de multiplicar y mi hijo con su inteligencia extraordinaria nunca tuve problemas en estarlo regañando para quese las aprenda me asombraba desde pequeño desde que aprendió a sumar restary multiplicar y dividir en todo me pone la muestra bueno qué puedo esperarme en la familia hay muchos genios y personalidades de la familia súper inteligentes así es ahora en la preparatoria espero que no falle nunca en sus trabajos eso es loúnico que le pido mucho a Dios que me lo guíe por buen camino.

Sean como sean Mis hijos son todo para mí, a veces pienso ¿Qué hubiese sidode mí si no tuviera a mis hijos? No lo sé quizás estuviera viajando estuviera conociendo otros lugares no me hubiera casado con la persona que me casé quién sabe anduviera por Italia, España, Portugal, Francia mi vida hubiera sidootra, pero no fue así y yo pues estoy contando mi vida en mis propias palabras con hechos verídicos no inventados tal cual fue mi vida y es aún.

CAPÍTULO CINCO:

ADULTA

Cometí muchos errores muy fuertes ellos aprendí muchas cosas a no volver a cometerlos volver a empezar de cero porque lo perdí todo y no me da miedo volver de cero, yo sé que lo que se me ha quitado volver a mí multiplicado y duplicado lo siento así y tengo la certeza de que así será yo soy una persona muypositiva a mí no me gusta decir no lo voy a lograr no va a funcionar, no al contrariome mentalizo positivamente, aunque me da miedo me arriesgo y el que no arriesga no gana y no me importa darlo todo por el todo pero yo tengo que convertir mis sueños en realidad es por eso que mi vida mis propias palabras espara que las personas que han cometido un error no se desilusionan no caigan en depresión que nada está perdido a mí me han estafado y traicionado.

Perdí todo lo que yo tenía la vida fue muy dura conmigo me han dado golpes muy duros con mi familia los reclamos eso sí no me impide seguir adelante y hacer lo que más me gusta trabajar estoy con mi mamá con mi abuelita mis hijasvienen convivimos celebramos en ese aspecto somos unidas, la verdad de los errores aprendí demasiado me volví más astuta y selectiva en tanto amistades yen tanto pareja ya no tan fácilmente las mentiras nunca me han gustado y me hanmentido hasta que sean enfadado ya cuando quieren volverme a mentir pues yalas cosas no van en serio y la intuición me ha ayudado ya si hubiese tenido la intuición más desarrollada antes no hubiese caído en tantos errores.

Tengo la habilidad de percibir energías tanto positivas como negativas detecto elpeligro a distancia también un olfato donde si igual una mentira ya no me cuadrala situación en todos los aspectos de la vida todos hemos cometido errores yo lohe hecho tengo la oportunidad de enmendarlos y no voy a desaprovecharla voya tratar de corregir cada error para ser mejor persona los yerros a veces te hacencrecer mentalmente lo peor que yo pude cometer es deshacerme de lo que mi padre me dio así como lo escuchas me deshizo de lo único que mi papá me dio por qué lo hice pues por tonta aparte porque los impuestos se elevaban incondicionalmente muy altos había una deuda que se tenía que pagar y más entanto porque me estafaron y de la forma más tonta y lo cuento por aquí para quenadie caigan las trampas de los estafadores de esos que se ponen un perfil falsote mandan solicitud de amistad te hacen por Facebook, Instagram hasta en tiktoktengan cuidado te enamoran te hablan bonito te dicen cosas preciosas temaravillan con una sola palabra yo caí fácilmente les digo no tenía la intuicióndesarrollada ya no como aprenden de los errores y yo aprendí bastante ese militar era un soldado de Estados Unidos muy guapo de ojos azules una foto que decíastú esto es un ángel no es un ser humano o bueno buenísimo el muchacho pero bueno utilizaba fotos falsas editadas y desgraciadamente descubrí que era de algún lugar de África no sé porque se dedican a hacer esas cosas yo se lo digo detodo corazón no saben todas las muertes que ocasionan cuando las mujeres comoyo se ven sin nada y se quedan sin nada muchas recurren al suicidio y otras tantas se vuelven locas porque perdieron lo que con tanto esfuerzo ganaron dos vecescaí en esa trampa por tonta más sin embargo amigos muy buenos de una páginaen Facebook me dijeron que no era mi culpa la culpa era de ellos porque yo soyuna persona buena y creí en todas sus mentiras ay no fue fácil.

No fue fácil de verdad se los digo yo había hecho fuertes cantidades de dineroenvíos que es una pena la verdad me da vergüenza decirlo y reconocerlo quiero olvidarlo porque me atormenta siempre ese recuerdo me ha pasado de todo lo perdí todo eso fue lo que sucedió por ser engañada y deshacerme de la casa que mi padre me dio en vida actúe equivocadamente, tu mujer o tu hombre que melees, no caigas en sus trampas no les envíes dinero porque yo siento que los soldados no necesitan ganan muy bien y en sus palabras bonitas de los estafadores ni les creas son ganchos para atraparte y que caigas en el amor y en el juego demándame dinero y te voy a mandar mis cosas y te voy a mandar oro tonterías que yo creí pues los errores y las historias que yo viví pareciera como si fuesen escritas para una película de suspenso.

Así que mujeres en este libro de mi vida mis propias palabras les aconsejo queno crean los perfiles falsos que se nota de ¿Cómo descubrí que fue un falsas? Porque cuando yo quería hacerles una videollamada daba el pretexto de no puedo estoy en el gimnasio estoy ocupado estoy con mi familia ahí me di cuentaque son falsos los perfiles y que pueden incluso quitarte la vida si les haces casocomo yo el final es locura total pensar que puedes recuperar lo que perdiste esoes otro alucino hasta que conocí a ese grupo de personas que te ayudanmoralmente psicológicamente de Estados Unidos un capitán soldado veterano de Estados Unidos de origen oriental (airborn) fuerzas aéreas de Estados Unidostiene un grupo llamado Scam Life Guard salvavidas y salva tu vida En Facebook hacía sus en vivos para que la gente lo conociera que no era falso dando consejos de no enviar dinero a nadie alerta roja banderas rojas alto no lo hagas te mientente utilizan pierdes todo y ellos se quedan riendo esas son sus palabras del capitánsiempre se dirigía a nosotros con mucha amabilidad saludando en los idiomas que él sabe hablar veterano de guerra un hombre con discapacidad pero con uncorazón enorme, enorme y una bondad que se escapa en su mirada le platiqué mi caso le dije lo que sucedió lo que ya saben me dio ánimos llené un formulariodonde yo anotaba los envíos con las cantidades de dinero que hice por tonta. Élme decía que no que los criminales como ellos son los únicos culpables de lo que pasa así que en Facebook Instagram y tik Tok es donde están los estafadoresde una forma o de otra disfrazados esperando a una posible víctima tengan mucho cuidado con quién hablan señoras que ven hombres guapos en las pantallas señores que ven mujeres guapas y atractivas mucho cuidado porque ellos no duermen el demonio los guía en todo lo malo que puedan hacer criminales que tarde que temprano pagarán por lo que han hecho y no nada mása mí a cientos de personas óiganlo bien. Miles han sido víctimas de estas personas malas tarde o temprano pagarán si no es en la tierra será en otro lugarprimero Dios hará justicia sobre ellos siempre se lo dejo en sus manos y a mí queme cuide de no volver a caer con tontos y en tonterías.

Desgraciadamente lo trágico sucedió antes de que yo cometiera el error más grande de mi vida porque primero empecé los trámites de divorcio y pues fue por mutuo acuerdo como se le llama un divorcio exprés después que tuve que irme a vivir con una prima antes de eso cometí el error de enamorarme de ese militar y después que me fui a vivir con ella otra vez engañada por segunda vez y estaba ahí con ella de nuevo me di cuenta que ya no tenía nada que hacer ahí yregresé a vivir con la abuela porque tuvo que fallecer un tío el más pequeño desus hijos hecho que me da mucha nostalgia recordar igual el fallecimiento de mis seres queridos eso pasó antes de que yo cometiera la pendejada del siglo y puesaquí estoy actualmente con la abuela y mi madre tengo que cuidar de ellas hastaque el tiempo decida lo contrario.

Ejemplo rehacer mi vida con alguien no como una válvula de escape recordando lo bueno y lo malo que he vivido mi vida en mis propias palabras he sentido cosas negativas últimamente y no me gusta estar así me gusta ser positiva es un tantodifícil pero no imposible para Dios no hay imposible para mi vida menos cambiémi vida y mi forma de ser cambié mi forma de vestir de arreglarme maquillarme.

Necesité un buen dentista un tío mío de la capital CDMX, una estilista me dio un cambio de look, un chico que me enseñó a aprender a pintarme dibujarme elrostro con el maquillaje que lo compré todo verme más linda ese es el giro quedio mi vida 180 grados me enamoré de mí porque yo antes de la separación del Comenta mi abuelita porque es muy sabia ella ya no se usa aguantar y cuánta razón tiene ya no se usa soportar a nadie antes sí en sus tiempos de ella se usaba aguantarle al marido todo esa es la situación que pasamos las mujeres que tomamos malas decisiones y habrá otroscasos distintos al mío pero con la certeza de que todo no está perdido tendré lacerteza de que puedo volver a tener lo que algún día tuve eso lo que me lo proponga mentalmente se atrae y vendrá así soy muy espiritual creo en las energías y en la ley de atracción me encanta escuchar mantras meditar estar enpaz conmigo misma estar en silencio y pensar afirmaciones que me ayuden a sobrellevar todas las dificultades creo en Dios creo en el universo las cosas quepasan por algo no todo está perdido nada está perdido aún tengo vida tengo saludy muchas ganas de volver a hacer la mujer y la madre que merezco para mis hijos cuando me necesiten, no todo está perdido trabajo de obrera no gano losuficiente todo carísimo por las nubes por motivo de las guerras tan absurdas nodeberían de existir, porqué destruirnos por qué no llegar a acuerdos son tantas las dudas que no hay contestación a ellas.

Dios se apiade de nosotros y del mundo tuve que cambiarlo todo a lo cual mishijas reclaman te las dejé en completo abandono eso fue veneno que entró en sus cabezas el enemigo no duerme trabaja en las personas y en las familias paraaconsejarle y vaya que lo hace muy bien y las personas caen en sus trampas deaconsejarla mal sufren las consecuencias después, lo peor de todo es que aún sigue haciendo de las suyas en todos lados el enemigo hasta que no nos veamosdestruidos se quedará contento y feliz por eso debemos siempre estar con Dios desde que amanece hasta que anochece que sea él quien dirija nuestras vidas estemos unidos que nos amemos mucho que los matrimonios sigan unidos no lepreste la atención y los consejos de personas y no saben nada de ti y no juzguennada más porque sí.

Mientras tanto voy a compartirles una bella oración pensada por mí a lo mejor se recuerdan de ella de otra manera cuando era católica lo rezaba así.

Gracias y alabanzas yo te doy gran señor alabo y bendigo tu gran poder quecon el alma y el cuerpo me has dejado amanecer o anochecer en gracia serviciotuyo y sin llegar te ofender y al señor ya llegó la noche o el día ya es hora de hacerlas paces contigo dichosa yo sí consigo en tus brazos expiar al cielo y cantar loque Dios hizo conmigo Santo Dios santo fuerte Santo Inmortal ten piedad y misericordia de todos nosotros líbranos de vivir y morir en pecado mortal quiénmurió por mí en la cruz Jesús quién es la esperanza mía María a quién por patróntendré a José pues muy confiada yo estaré en recibir el perdón teniendo en mi corazón a Jesús María y José Joaquín y Ana en quien encomiendo mi cuerpo ymi alma amén.

La oración enseñada de mi abuelita Ma Guadalupe a mí cuando era una niña.

CAPÍTULO SEIS:

MI PRIMER TRABAJO

Después de divorciada empecé a trabajar cosa que de casada no podía ser y si podía me pagaban muy poco, comencé en varios lugares en restaurantes pero duraba muy poco tiempo menos del año un día estando en una maquiladora enproducción en puerto seco conocido mejor Centro Logístico se vio una oportunidad de trabajar en un comedor industrial en una empresa de botellas francesa ahí fui contratada y varias mujeres más de aquí de Acatlán y alrededores comencé a hacer amistades comenzamos lo más austero posible ya que la fábrica era nueva y todavía no se terminaba el área de cocina y comedor tuvimos que adaptarnos a como sea estuviera así con un toldo con mesas y sillas o en una bodega vacía más bien una nave industrial.

Pocas semanas después adaptándonos a ese modo de trabajo al fin se abrió esacocina nueva todo muy bonito nuevecito los comedores las sillas las islas para las ensaladas todo muy muy bien después de soportar tanto calor de 40 a 50 gradosera desgastante y muy cansado cuando entramos al lugar nos dieron uniformesbotas nuestras gorras nos veíamos muy bonitas mis compañeras la gerente queteníamos una chava súper joven y guapísima en este momento todavía no cocinábamos ya traían la comida hecha y nosotros teníamos que utilizar alcoholeras para calentarla a baño maría hasta que estuviese todo perfectamente caliente agua fresca con hielito muy sabrosa y empezar todo desde antes de las 9de la mañana porque los comensales empezaban a llegar y a servir unos muy delicados del estómago los extranjeros de hecho que no les gustaba probar la comida mexicana y otros sí les fascinaba de los mismos franceses hablo los mexicanos tu nombre encantados hay de todo hubo de todo tuve que aprender francés porque no hablan inglés esforzarme para descargar una aplicación y verun maestro de francés para que me enseñase a hablarlo no un 100% como máximo.

Saludar gracias le voy a servir esto en fin algo aprendí lo más básico como lossaludos cotidianos mínimo que no me vieran la cara de qué pasa cómo no lo practico el francés pues se me está olvidando cuando empezamos a cocinar ahímismo en la cocina grandísima enorme había un área de lavar charolas y fregarplatos ya había otra área de lavar cochambre todo lo que es cazuelas ollas mugrosas insertos todo en un área para que la chef estuviera picando ella, lo quenecesitaba para empezar y arrancando el día me tocaba la área caliente y hacerensaladas para las dos islas que estaban afuera era muy laborioso y teníamos queusar mucha higiene era muy práctico hacíamos aguas frescas y no les vendíamosrefresco una dieta que les diera energía para que siguieran dando mucho dondetrabajan porque ellos soportan un calor de 90 a 95 grados porque trabajan cercadel horno donde se introduce el cristal de envases para volverlos a reutilizar y elaborar las botellas de vidrio tenían que usar su uniforme los trabajadores con su seguridad obligatoria para que no tuviese ningún accidente ahí en el ambientelaboral había de todo envidias malas caras malos tratos muchos detalles y no nada más en el trabajo sino también en donde vives cuando te voltean a ver mal no lohacen por bien envidia para tener lo que tú quieres tener es codicia avaricia y unmontón de cosas es muy difícil vivir en un pueblo donde están pendiente de tu vida.

Eso para mí es tóxico la verdad yo trabajé muy a gusto en ese lugar cuando eran2018 a finales y principios de 2019 me dieron de baja por la pandemia perdí miempleo deje de ganar dinero qué más me podía pasar si estaba una pandemia rara, donde no tenías que salir de tu casa y andar con cubrebocas vestidos de astronautas y se puede casi casi así lo hacían la pandemia no me derribó pues mepuse a hacer cosas aquí para distraerme ejemplo tomar clases de canto que descubrí que soy mezo soprano, después que ya no estaba en la cocina Industrialpues me refugié en el canto y empezó a estudiar duro a echarle ganas aprendí más idiomas recurrí en este tiempo al entrar en el famoso ticktok en el que aprendí a hablar italiano con el tiempo.

Yo decía solo la gente loca está ahí pero luego para distraerme y pasarla bien pues ahí estaba comencé a recibir clases de árabe y me convertí al islam pues mialma tiene paz al menos el islam, es hermoso es una conexión de ti con Dios asícomo fui Católica y respeto a la iglesia Católica respeto todo y Creo en Jesús, María creo en Dios y me volví más espiritual después comencé a trabajar una lavandería con una amiga que quiero mucho como si fuera mi hija.

No pongo nombres por respeto lo que acontece en el ámbito laboral pues estuveen varios restaurantes como lo dije al principio y también pues no me quejo mefue bien y tuve hice nuevas amistades enemigos nuevos y amigos conocidos también conocí amores pero bueno como uno ama la verdad y quiere de verdadjugaron conmigo, estoy sola disfrutándome el momento hasta que llegue la persona indicada para mí mi vida en mis propias palabras pasó todo un acontecimiento de lo que me pasa actualmente y así he tenido muchas aventuraspor ejemplo en Tiktok tengo una familia la mayoría de España Argentina la única mexicana soy yo y mi paisano de Madrid pero se casó con una mexicana de Puebla conocí un chico que la verdad para mí es más que mi hermano mi confidente mi amigo compañero y creador de la familia pitufos de Tiktok.

Yo lo conocí a él gracias a un Camionero que entró a mi directo un día y al verque tenía mucha gente empezó a decirme mujer darme la moderación ¿Cómo te llamas? Le platiqué mi nombre empecé a interactuar con él y le di la moderación que es tomar el control del en vivo para empezar a ver qué usuariosme estaban viendo allá en España son muy cuidadosos en esas cosas por qué porque allá suelen denunciar los directos acá también pero allá más se acentúa que son más cuidadosos en ese aspecto.

Bueno le di la moderación y comenzó a volar gente empezó a sacarme a tantísimas personas mayoría menores de edad yo no sabía nada hasta que empezó a entrar gente de España porque él compartía y compartía mi directo ycomencé a hacer amigos de hecho los menores de edad que andaban en mi directo eran demasiado groseros conmigo me faltaban al respeto con tonterías que decían, así fui conociendo a personas de España hasta que lo conocí a él Jorge Pérez Baute Papá Pitufo en la actualidad y yo Mary Pitufa Asesina vaya nombrecito dicen por ahí cuando me ven bueno es que yo soy muy protectora ydefiendo mucho a la gente y defiendo los míos y pues por ahí personitas que nonos querían nada de bien mi hermano y yo nos fuimos siempre unidos a pesar de la distancia siempre juntos pese a las horas de diferencia siempre de la manoy nunca peleábamos nunca discutimos más sin embargo apoyo moral incondicional.

Poco a poquito pasando de todo altas y bajas no todo era de color rosa desde que lo conocí lo adopté como mi hermano y duró dos semanas para aceptarme en la familia pitufos imagínense y ya vamos a cumplir tres años juntos en esa gran familia que somos ya que poco a poco estamos creciendo integrándonos como familia respetada aunque no les guste fuimos muy envidiados a mi hermano y amí nos querían separar pero nunca lo lograron querían que yo peleara con él pero no porque yo lo quiero muchísimo y él me quiere tanto a mí que no sería capaz de lastimarme ni yo a él.

Ahora ambos trabajamos y la pasamos genial él se pone feliz cuando me ve y yoigual esa es la magia de tiktok que puedes hacer amigos de todo el mundo soy muy querida con Los italianos tienen una amistad conmigo unas reciente y otrasde hace mucho tiempo ya por ejemplo Los Leones de Italia, familia delmisionario mi hermano Iván un grupo de amigos de Italia Bella Bionda podría nombrar todo una lista de tantas personas tan queridas así de Italia como de España que algún día andaré por allá que también hay montones de familias quequiero ver y conocerlos en persona así será viajaré conoceré y abrazar a la genteque me aprecia en Italia en Roma, Napoli en España andaré por Barcelona, Madrid, Murcia, Galicia, Sevilla, Valencia y también quiero visitar Euzkadi quiero recorrer el mundo sería genial no descarto la posibilidad.

Tuve otros trabajos aparte de los restaurantes y antes de la cocina industrial estuve en dos agencias telefónicas uno era Alorica donde duré un mes de entrenamiento y como vivía tan estresada y llena de cosas en la cabeza y aparte el tráfico que no te deja llegar a tiempo a tu lugar de trabajo pues fue una complicación más pues ahí empecé a trabajar tenía que hablar con las personasde la tercera edad y brindarles información sobre su seguro social los impuestos pensiones y explicarles a detalle todo repitiendo la información hasta que tuviesen la certeza de que todo entendieron pues pasó que por los tráficos que hoy en día es un horror.

Guadalajara fue para mí un obstáculo eran gastos enormes que me generaban ymuchos problemas cuando yo quería juntar dinero y no podía por causa de ellopero bueno así estuve ese mes que duró la capacitación y volví a Teleperformance que está a un ladito de Alórica por el Periférico Sur y cuandoestuve a punto de entrar pues ya sucedió la casualidad que ya no me alcanzaba eldinero ahí solamente asistí a la entrevista ya no volví ya no pude no me gusta rendirme no cuando me propongo algo no me gusta rendirme ante nada, ni nadie.

Entonces una situación tremenda en lo absoluto pasado el tiempo conseguía unaprima un trabajo por primera vez en un periódico y ahí vamos las dos la verdadel ambiente laboral era súper bien todos cordiales amables con una sonrisa en laboca cuando me tocó estar junto con mi prima en Ejecutivos Masters pues era más padre aún más bonito igual por la misma situación del tráfico adiós nos tuvieron que dar nuestro finiquito a ambas por la cuestión de la distancia que entrábamos y nos tenían nos querían allá antes de las 8 era la hora pico donde los padres llevan a sus hijos a la escuela y el tráfico se vuelve un caos.

Complicado para las dos y eso que llevábamos coche y ni así después me esguince el pie y menos pude asistir a trabajar y ya me quedé en los restaurantestrabajando fueron los trabajos óptimamente diferentes a los que a mí me gusta esla cocina y hablando un poco de lo laboral pues también fui maestra de kínder yprimaria en un colegio donde yo vivo, interactuando con pequeños niños y adolescentes ellos ya son unos hombres y mujeres de bien grandes ya con familiay estoy orgullosa de que se acuerden de mí cuando me ven o me saludan por lascalles por ahí hay un taquero que ven unos taquitos riquísimos desde hace muchísimo tiempo y cada vez que me ve me dice- “Buenas tardes maestra”- quele di clases de inglés a sus hijos - “En qué le puedo servir”- son unos tacos másricos de Acatlán.

Pues gracias a esos momentos también fui maestra en la primaria federal y mellena de satisfacción decirlo pues contribuyó para enseñar el idioma inglés quegracias a mi padre que me puso en ese colegio donde lo aprendí a la perfecciróndespués me fui a Estados Unidos ustedes ya saben todo hasta la fecha no se meolvida porque escucho música en inglés me toca conversar a veces con mis alumnos cuando me encuentro con ellos me saludan en inglés e interactúan así yyo les respondo igual en el idioma es una de las cosas más maravillosas en las cuales me llena de satisfacción y orgullo.

Dejar huella en ellos y que se acuerden de mí como lo dije hay un dicho que dice así y es mi favorito "DEJEMOS HUELLA PERO SIN PISAR A NADIE"es decir no tener envidia a nadie y pues cada quien tiene derecho salir adelante ybuscar su dinerito que a todos nos hace falta sobre todo eso recordar que en estemundo estamos en un instante y que en un momentito puede cambiar la vida seapara bien obviamente y gracias a Dios pues ha sido para bien todas mis tristezastropiezos caídas que he podido levantarme sacudirme y seguir adelante como sinada hubiera pasado por desgracia existen personas que no les gusta verme feliza ese tipo de gente cortarla de tajo y que Dios les bendiga desgraciadamente a veces están en la misma familia pues Dios les bendiga igual que nunca se olvidede mí, mi Dios y de nosotros así sea.

Claro que me gusta trabajar yo como mujer y como persona soy entregada lo que me pongas a hacer te lo hago me gusta ser rápida porque trabajaba en un comedor industrial y ahí se tenía que trabajar contrarreloj tenía que hacer las cosas a tiempo y dejar el área limpia así me acostumbraron a mí a trabajar recoger lo que ensucias y dejar como te entregan limpio y en orden acomodar bonito como compañera me gusta ser solidaria ayudar a auxiliar en el área de producción o en cualquier ámbito me desenvuelvo muy bien me gusta trabajar las personas que me contratan y me ven como trabajo les encanta y me han dicho comentarios muy positivos acerca de mí pues son muy inquieta y me gusta sobresalir eso es lo que los demás no les gusta verte sobresalir y salir adelante ante los obstáculos que te pongan me gusta crecer me gusta escalar me gusta llegara la cima.

Pero es poco a poco como se logra tener paciencia y esperar a que el cambio resulte para bien siempre estoy viendo a ver qué puedo hacer y cuando veo queya está hecho todo pues algo a descansar a tomar aire después regreso seguir laborando preguntar ayudar y cosa que no entienda pues pregunto claro que hecometido errores he tirado cosas he derramado líquido o he tirado cualquier cosaah no soy perfecta, pero me gusta trabajar por algo soy bienvenida cuando quiero volver a reingresar y en otros empleos donde no hay reingresos pues ni modo mequedo a la expectativa de otra oportunidad mejor me gusta ser solidaria como lescomento ayudar pero a veces en el trabajo se vuelve muy tedioso y me enfoco haciéndolo y me buscan para pedir un consejo para platicar para reír.

Porque me encanta cantar eso es una de mis pasiones enormes cantar, aunque sea en la regadera, pero canto como les comento la pandemia tuve que tomar esas clases ya que estabas esperando y sin hacer nada y también armar un rompecabezas con 2000 piezas no más de acordarme quiero llorar desesperadapero bueno con las clases de solfeo calentamiento vocal cantar y cuando lo hagome concentro primero vocalizo enseguida escojo mis canciones favoritas y empiezo con karaoke esa es una de la cosas que yo también agradezco tambiénme gusta ser motivacional me gusta impulsar a la gente alcanzar sus sueños si lopuedes lograr hazlo y si no lo puedes lograr al menos lo intentaste hiciste un cambio para bien fracasaste vuelven a intentar y hasta que lo logres quédate enpaz o no mientras, hay que seguir luchando por lo que te gusta por lo que nos gusta y seguir siempre adelante impulsándote si tienes familia que te apoya ese es otro a tu favor sumamente positivo no habrá nada igual como la familia que esté guiándote que esté dándote ánimos para que tú sigas adelante y nadie más, comocompañera soy bromista alegre me gusta hacer reír a mis amigas y a mis compañeros aunque lo toman por otro lado piensan que estoy coqueteando peronada más se malinterpreta simple y sencillamente así he ganado enemigos y heganado más amigos pero también esos enemigos nunca faltan y no es obra de Dios sin embargo es obra del otro que nos quiere ver caer y abatirnos nos quiere ver cansados frustrados agobiados tristes ya no.

A pesar de todo lo horrible que me ha pasado a lo mejor hay situaciones peoresque la mía nunca he borrado mi sonrisa me he comportado un poco arisca perome gusta socializar no es porque sea antipática o payasa egoísta o simple y sencillamente no me gusta la hipocresía y la falsedad cuando quieren hacerte sentir mal, o cuando hay una persona que no soportas no te gusta estar cerca deella o de él según sea el caso y bueno más que nada que mi propia familia me motiva a hacer y me hacen sentir importante querida aunque a veces pienso enhacer mis cosas y mirar hacia adelante y enfocarme lo que va a pasar y a lo queva a suceder en mi vida de aquí en adelante todo va a ser diferente así lo creo yasí será y hecho está amén como amiga soy confidente puedo guardarme muchas cosas y las puedo enterrar para siempre así como soy buena amiga también cuando las personas ya no son mis amigas o mis amigos los entierro queda ahí oen el olvido porque es mejor perdonar y olvidar aunque es difícil olvidar pero siolvidas el perdón no te vale de nada tú pides perdón a Dios para que él te perdone a ti, eso es bueno pero si perdonas y no olvidas tú pues ahí tienes que trabajar en ti en olvidar los malos momentos que te han hecho y que te han lastimado y tienes que recurrir a la música donde te dé paz mental hazlo estar encontacto contigo mismo o misma hazlo simple y sencillamente cerrar tus ojos y llevar por el sonido de esa música dejarte llevar, así como uno encuentra su pazinterior cuando estás en momentos de lucha contra las personas malas que quieren verte mal te juzguen de loca siempre no me bajan de ese tema pero si noestuviera loca mi vida mi vida.

Sería muy aburrida dicen que estoy loca, sí estoy locamente enamorada de mí tuve que quererme desde adentro esa niña interna que vive dentro de mí quererme yo físicamente para así poder querer a los que me rodean encontrar amor verdadero, aunque eso tome tiempo tengo la firmeza de que algún día vendrá lo que pide se te cumple y lo que deseas también eso nunca lo dudes.

La vida es bella y más cuando eres feliz no tienes tiempo de hacerle mal a nadiemás que estar en lo tuyo enfocado siempre en lo que haces, tengo un amigo de Canadá que siempre que se acuerda de mi me escribe para saber cómo voy lo aprecio mucho porque lo conocí cuando vi una publicación de unas máquinas de agua cuando hice una videollamada para verle y charlar y desde ahí surgió una linda amistad, hasta la fecha es mi mejor amigo, y yo también siempre pendientede mi esas son las amistades que valen más que el oro y así será a siempre.

CAPÍTULO SIETE:

VIDA ACTUAL

En el día a día voy trabajo cubro lo que tengo que cubrir en lo laboral todos losdías hacer mi rutina actualmente de la casa al trabajo y al trabajo a la casa son mis tiempos libres suelo oír música me encanta ser alegre también me gusta leer escuchar algún audiolibro en inglés o en español no importa me gusta hacer ejercicio en mis tiempos libres para ir a caminar iba con un amigo después me gusta relajarme y me meto mucho al Tiktok después de ducharme un ratito a vervideos pues como les comento que ya van a ser 3 años de estar ahí con esas maravillosas personas que son parte de mi vida son como una familia adoptivaen mis tiempos libres también me gusta cocinar hacer postes dice mi abuela queya puedo casarme dice mi abuela que ya me puedo casar estoy esperando mi hombre ideal.

No alguien que juegue nada más o me haga perder el tiempo que venga mi viday me transforme me haga feliz plena y volveré a intentarlo volver a ser feliz tengo muchísimas amistades que también en mis ratos libres conversó con varias personas en la plataforma y me gusta ser yo misma no para aparentar lo que nosoy ni lo que tengo soy feliz con lo que tengo mi vida en mis propias palabras esuna esencia de mí porque a pesar de lo que he vivido y he sufrido de todo la mejor parte de mi tiempo en mi vida es estar tranquila ser feliz no pido nada más.

Mi momento más feliz es cuando me pongo a escribirles a mis hijos en un grupode WhatsApp ellos interactúan de vez en cuando pero me doy cuenta de que están bien o más o menos en fin cuando estoy en familia yo en casa soy feliz nonecesito salir a la calle ni mucho menos mi mundo es mi casa mi cuarto estar con mi madre y mi abuela tratar de armonizarles el momento andar con las dos miscompañeras que son para mí como dos niñas más pues cuando uno se vuelve grande como ellas vuelven a ser chiquillas y peleoneras en fin es cuestión de tenerles paciencia mucha paciencia y mucho amor y cuidarlas estoy para ellas no sé qué más puedo hacer así siento yo que Dios toma mi buena acción y me darámi recompensa que así sea siempre porque a mi abuela y a mi madre yo las quiero mucho aunque a veces mi madre es demasiado necia.

Esa es mi mamá, soy muy hogareña y de hecho no me gusta salir creo que así voy a seguir hasta que aparezca alguien que me rescate me siento como la princesa en la torre y es verdad con tanto encierro ya está el pelo lo tengo demasiado largo es pero jamás descuidado esa es la razón por la cual en casa yosoy así y me pongo a cantar a ver videos o ver las noticias muchas cosas limpiartener en orden todo que después me hagan un desorden me gusta tener todo bajo control así es no soy de esas personas que se obsesionan por la limpieza porque entre más buscas no se encuentras pero me gusta tener en orden tampocosoy como otras personas que se compran cosas o encargan porque tienen un vicio de encargar y comprar y almacenar y poner ahí guardado en bolsas cosas que ala larga se echarán a perder yo vivo al momento el ahora y soy feliz con lo quetengo yo soy más sencilla y austera también a veces no me gusta que me presioneno me insistan con algo que no me interesa tener interesada no soy porque sé mipropio valor y valgo más que todos los diamantes.

Tengo mi autoestima muy elevado que no permito que nadie me haga sentir malmucho menos tolerar las burlas nada negativo en mi vida porque tengo el amorpropio más fuerte que si me lastiman me recupero de la forma más madura quese pueda ser guardando silencio y retirándose de las personas que no me quieren, siento que es la forma más inteligente de irme y no volver. En todo el tiempohe puesto a Dios en mi vida, primero siempre desde que despierto hasta que meduermo Dios me devuelve la vida y cuando pongo a Dios en la existencia me pongo a pensar en todo lo malo que me ha pasado siempre con la firme creenciade que Dios me deja experimentar nuevas lecciones y aprendizajes aprendí a serdesconfiada de las personas que nunca puedo desconfiar de Dios siempre confiadamente ofrezco mi día a él siempre aunque no diga nada me encomiendoa mi Creador para mí no sería nada yo si no estoy con Dios el todopoderoso si tengo amor pero no tengo a Dios no soy nada yo, siempre está conmigo y me protege me cuida siempre está ahí cuando yo estoy molesta también está ahí cuando peleo con él después me arrepiento y le pido perdón me da su perdón pero vale el arrepentimiento primero de todo.

Él me cuida y no me deja sola nunca lo ha hecho cuando hago una buena obrano se lo hago a la persona cuando doy ropa una gente pobre no se lo doy a esaspersonas mis acciones van para Dios dar comida un vaso de agua la persona quete lo pide y dáselo porque son obras que solamente a él le agradan no sirve de nada ir al templo y darte golpes de pecho cuando sales de ahí no cambias criticaste admiras del pecador sabiendo que tienes hijos e hijas nunca debemos de hacereso porque no debemos y sabemos cómo será después de todo, respetar y ser respetado es lo mejor que hay en el mundo Dios nunca me ha dejado nunca medejará yo soy para Dios de misericordia y Dios para mí simplemente.

Sencillamente así es la vida y es muy difícil pero si la caminas tú solo sin el Creador te vuelve más complicada gracias a Dios por otro día más y pedirle suprotección en tu día a día todo de verdad todo llega por añadidura si hablara yode todo lo que Dios ha hecho por mí no acabo me faltarían más páginas porquesoy su creación más perfecta y todos lo somos suyos y nos ama por igual somossuyos hasta el fin de nuestras vidas con esas palabras de amor hacia Dios del cual vivo enamorada desde todas mis células y mi sangre mis huesos mis músculos todo lo que conforma lo que soy es por amor a mí de esa forma Dios nos ama atodos no lo dudes solo ve lo que eres y por qué lo eres un ser perfecto aunque has pasado por muchas situaciones en tu vida negativas la pérdida la pérdida deun familiar o de un hijo hija recuerda que todos somos prestados. Y que todos somos de Dios no pertenecemos nadie más solo a él te da y solo él te quita lo que más da en abundancia son bendiciones gracias a tu trabajo gracias a tu familia gracias a tus amigos y gracias a esa persona que te ama que es tu pareja hemoselegido mal o hemos elegido bien según sea el caso Dios está siempre nunca tedejará así seas duro de corazón solo es cuestión de que sienta tu amor en algúnmomento de tu vida que dejes que te demuestre su amor solo con cerrar tus ojosy pensar en él dale la oportunidad a ese Dios poderoso que te perdona y te aceptatal cual eres no importa seas rico seas pobre Dios siempre está ahí en cada latidode su corazón en cada aliento en cada respirar en cada abrir los ojos y cerrar ahíestá la vida que Dios te da y que se ha ofrecido a ti por amor Dios es amor Dioses protección yo menciono tantas veces a Dios en mi libro, solamente sabe lo que hay en mi alma cosas tan profundas que me guardo porque solo a él le importan.

Se que si yo me arrepiento de mis pecados él me perdona con ese amor tan profundo tan puro dicen que el amor de los padres se asemeja al amor de Dios,pero yo digo que es diferente porque nadie te ama como él nadie nos volvimosduros de corazón y hemos negado al Creador sabiendo que gracias a él vives en este planeta todo en este planeta es gracias a él todo lo que él creó es para nosotros no cuidamos nada de lo que él ha hecho y nos estamos autodestruyendoy destruyendo el planeta hago un llamado a la concientización y a las personasque siempre pongan a Dios en primer lugar háganlo y las cosas irán diferentes.

Yo quiero mucho mi vida a pesar de todo lo que he pasado y lo que he vivido porque Dios me la dio a través de mi madre me importa mi familia mis hijos queson personas importantes y partes de mí como mujer que soy eligieron una madre como yo nunca supo ser madre que aprendió muchas cosas una mujer que ha caído muchas veces en tentaciones y en trampas en la maldad de la genteque no supo escoger bien su destino nunca pensó que pasaría sin medir consecuencias a los amigos que estuvieron conmigo incluyendo mis amigas engeneral aprendí muchas cosas conocí la voz negativos y la de los positivos sin dejarme guiar por ambos sentimientos menos por los negativos y más por los positivos amigos entrañables que vivieron en mi etapa de adolescencia y juventud ellos siempre estarán en mi baúl del tesoro porque los amigos verdaderos son más valiosos que todo el oro del mundo abraza a tus amigos pide por ellos y también por los enemigos ten piedad por ellos porque nunca van a cambiar nunca lo harán así quedarán para siempre venir por ellos porque yo al menos megusta ser buena persona no me gusta guardar rencor mejor darles tiempo al tiempo toda una eternidad si es posible como quiero mi vida mi edad a mi etapade ser abuela de un niño precioso que adoro tanto con todo mi corazón que es un regalo de Dios que me ha devuelto la dicha y la felicidad vendrán más nietosen un futuro eso es son cosas que nunca quiero que se vayan de mi vida que permanezcan para siempre.

Al igual si el amor toca mi vida no me cambiaré por nada ni por nadie Dios esbueno al final del día y te va bien porque eres bueno trabajador honrado respetuoso con valores qué más puedo yo pedir a mi vida en mis propias palabras es María José Martínez Romero la que escribe todo lo que has leído la que ha pasado por mucho tanto positivo como negativo caídas y comienzos distintos solo basta a sacudirte las rodillas ponerte de pie y seguir adelante una servidora que tiene el gusto llegar a ti. Y ser no solo un libro sino una amiga más gracias aDios y gracias a la vida me importan todas las personas que me quieren así tal cual soy me importa mi familia mis hijos me importan las personas las buenas personas generosas que me importan mucho así como me importa la vida en todas las etapas con la creencia de que todo no es eterno estoy aquí y mañana nosabemos por eso debemos ser buenos tenemos que tener empatía por esas personas que no les gusta ser felices o no son felices ponerse en los zapatos delotro mirar cómo ves a los demás distintos a ti que al menos te identificas con unapersona distinta es porque a esa persona ha sido educada con valores con principios eso es algo que ya no se ve hoy en día.

Ya las tienen que enseñar como si fueran a la escuela o si lo aprendieron o no lopusieron en práctica nunca porque en casa nunca vieron lo que en la escuela noaprendieron a auto educarse porque es muy triste ver que tú tienes principios yvalores y llegar a un lugar donde no les importa eso como que es llegar a un lugar de trabajo y educar a todas sus compañeros eso da demasiada flojera estoy cayendo en la apatía de recordar a esas personas que no sé por qué salen adelantesi son así. Soy muy sensible demasiado protectora soy la persona que se derritepor cualquier comentario que me hagas sensible en todos los aspectos me gustaproteger a los míos a mis mascotas las pocas que he tenido han desaparecido la reciente es mi gato que ya va a cumplir un año conmigo llegó a mi vida en un díacomo hoy antes del desfile el 16 de septiembre recuerdo que tembló un 19 del año pasado y me despertó porque estuvo bastante fuerte me lanzó un maullido para despertarme por eso lo quiero mucho con lástima porque como es negro nadie lo quiso, pero yo sí y desde entonces está conmigo se llama Salem y es laalegría en mis tardes. Soy muy cariñosa me gusta dar amor aunque nunca encuentra el amor de mi vida por ser cáncer estoy condenada a vivir sola, es loque hay de mi parte así es mi situación y la acepto a veces no estoy contenta conlo que pasó porque hoy en día todavía hay personas a las que no les gusta que yoexista, lo siento mucho habrá más de mí hasta que Dios quiera nadie piensa igualtodos somos un mundo distinto ven las cosas de manera diferente y no por eso yo voy a ser diferente eso jamás soy quien soy y esa es mi esencia.

“Me agarraste muy sensible hoy como estoy escribiendo mi libro estoy dando de qué hablar bien de mí que tengo un corazoncito de oro que quien me tenga se saca la lotería”. Yo mandando un audio a una personita especial y se escribiósin querer pues es la verdad. Soy una persona que le gusta sentirse querida, aunque hay cambios de humor como toda la gente soy una persona especial queme da mucho gusto ver a la gente que me habla me saluda me da igual si no lesagrado ni modo así soy.

Printed by Books on Demand GmbH, Norderstedt / Germany